যাযাবর

NOMAD

মৃণাল কান্তি গুঁই

ISBN 979-888555174-8

Dedicated to my forefathers

বিষয়বস্তু

বিষয়বস্তু

বিষয়বস্তু

ভূমিকা

"যাযাবর" আমার দ্বিতীয় নিবেদন। আমাদের এই পৃথিবীতে সবাই তো এক এক যাযাবর। প্রত্যেকে এক এক কাজ করার জন্য এই পৃথিবীতে আসেন। সর্বক্ষণ থাকে ব্যস্ত সেই কাজ করতে। প্রত্যেকে নিজ নিজ কাজে নিয়োজিত হয়ে যায় ঈশ্বরের অসীম কৃপায়। দিন যায়, রাত আসে । তাও আবার এক সময় শেষ হয়ে যায় কালের অমোঘ গতিতে।

প্রত্যেক কাজের ফল পূর্ব নির্ধারিত। যেমন জলে চিনি গুললে হয় মিষ্টি, আবার নুন গুললে হয় নোনতা। তাই আমাদের হাতে আছে , কোনটা করবো আর কোনটা করবো না। জলে চিনি গুলবো না নুন গুলবো। এই সিদ্ধান্ত আমাদেরকেই নিতে হবে।

আমাদের বর্তমান ক্রিয়াকলাপের উপর আমাদের ভবিষ্যৎ নির্ভর করে। তাই সব সময় কর্ম করার আগে একশ নয় হাজার বার ভাবা উচিৎ এবং ভেবেচিন্তে সকল কাজ করা উচিৎ। কখনো কোন কাজ করা উচিৎ কিনা সিদ্ধান্ত না নিতে পারলে গুণীজনদের পরামর্শ নিলে ভবিষ্যৎ ভালো হবেই।

এই পৃথিবীতে কেউই চিরস্থায়ী নয়। ভাবলে অবাক লাগে আমরা এসব ভুলে হানাহানি করি। অনেক সময় মারামারি করি আত্মীয়ের সাথে, পরে ভেবে দেখি আমাদের সে সব ভুলগুলি আর লজ্জা পাই।

আমার এই সংকলন "যাযাবর" । এখানে পঞ্চাশটি কবিতা থাকছে। মূলত আমাদের এই পথ চলাকে আরো আরো সহজ সরল করবে এই সংকলন।

এই গ্রন্থ রচনায় যারা প্রত্যক্ষ ও পরোক্ষভাবে যারা আমায় সাহায্য করেছে তাদের সকলের কাছে আমি ব্যক্তিগতভাবে ঋণী। তাঁদেরকে আমি আমার হৃদয়ের মনিকোঠায় আবদ্ধ রাখবো চিরকাল।

আমার পরিবার ও স্ত্রী-কন্যা আমায় যে মানষিকভাবে সহায়তা করেছেন সবসময় । তাদের প্রত্যক্ষ সহযোগিতা ছাড়া এ গ্রন্থ বিরোচিত করা সম্ভব হতো না।

আর একটা কথা না বললে সমস্ত কিছু অপূর্ণই থেকে যায় তিনি হলেন প্রকাশক। এই বই প্রকাশিত হওয়ায় তাঁর অবদানও কৃতজ্ঞতা চিত্তে স্মরণ করি।

পাঠকদের উপর এ ব্যাপারে আমার পুরো ভরসা আছে। আমরা নিজেরাই নিজেদের আরো উন্নত করব। এই আশা রাখি, আপনারা পাশে থাকবেন।

পরিশেষে বলি, আমরা সকলেই এই পৃথিবীতে ক্ষণস্থায়ী। ততদিন বাঁচি আনন্দে বাঁচি। আমরা আসুন সকলেই আরো আরো ভালো থাকি।

নিবেদন
মৃণাল কান্তি গুঁই

তারিখ: ২রা পৌষ, ১৪২৮,
১৮ই ডিসেম্বর ২০২১

1. দলিত মন

দাদন দিয়াছি বলে দাবি করে মন।
হেলায় হারিয়ে যায় স্বপন যেমন।
লাল লাল নীল নীল চোখের বাহার।
মিলিয়া আলোর দিশা শুধু জোছনার।
সত্য ভেবে যা কিছু বিবেচনা করি।
দশ দিক উন্মোচিত বলে তা ধরি।
মনের কথা আজ বলবো তোমায়।
বলে মনে করেন তিনি মুচকি হাসি পায়।
পামর মাতাল মন মাথা চারা দেয়।
শত বছরের বাঁধা নিমেষে ওড়ায়।
আঁচল ঝুলি তার ঝুলাতে ঝুলাই।
ছাত্রের হাহাকার নম্বরের বালাই।

ণত্ব আর ষত্ব নিয়ে যদি শুধু থেকে মন
ভুলিবে ভাষা সে শিখে ব্যাকরণ।
দিন শেষে হায় হায় শুধু যে করি।
অঙ্কের হিসাবে যখন মিলিত হবে ধরি।
মনের কথা গভীরতা হলে পরে
ঠোঁট কাঁপে প্রত্যাখান ভেবে ভয় করে।
জয়ীর বিজয় বেশ দীন হতে দীন।
সঠিক জয় সে যে নীতির কাছে লীন।

খবরে হঠাৎ আসে আর জেগেই থাকে মনে
সদাই হাঁসে আর ভাবে দুঃখ নিবারণে।
মানুষের কথায়, কোথায় চলে কভু কিনা জানে?
কেবলি মাথায় থাকে সর্বনেশে ঐ মনে।

২. তোমাকেই চাই

সমস্যাটি কোথায় জানো?
রাত্রের দুই প্রহরে তখন শিয়াল ডাকছিলো।
তুমি তখন ঐ দুরে সুখি গৃহকোণে সুখ নিদ্রায়।
হয়তো বা রাত জেগে আছো।
দুটি মন তো একই ছিলো।
দুজনের অনিচ্ছা সত্ত্বেও ছিঁড়ে গেছে মন,
আজ দুরে দুরে,
দুজনের তুলনা করে অনেকে
ঘুরে ঘুরে তাই।
ক্ষত সে মন কখনো কি দেখেছ কেহ?
চপলতা কি আর তখন মানে।
যাযাবর হয় তব মন, মম কাছে।
শরীরের আগুন আর মনের মোহ,
কভু সুপ্ত বাসনাতে জল ঢালে এই দেহ।
বয়সের ভারে, বারে বারে মনে পড়ায়,
ঢাল নেই, তলোয়ার নেই।
তবু আছে এ সব কিছুই ঐ না থাকার দেশে।
অস্ফুটে ঠিকই নদী সাগরেতে মেশে।
প্রমান যদি চাও তুমি,
দেখ , অমাবস্যা, পূর্ণিমা ও জোয়ার ভাটার টান।
পৃথিবী ও চন্দ্র সূর্য মেলে কি কভু।
তবুও আজো প্রমান ঐ সদা।
তেমনি আমাদের ও আছে ঐ ঘটা।

যদি তুমি অন্ধ হও, বা দেখিতে না পাও।
মিছে এ দ্বন্দ্ব ভূলে অভিসারে তাও।

৩. অবদান

নত করিয়া মাথা তব চরণ ছুঁয়ে যাই।
তব অবদান মনের কোনে এক বারতা দিয়ে যায়।
কালো চোখ, শানিত তরবারি সেদিন ছিল তোমার দিকে,
সে সব করি অবহেলা করি, নিলে বরাবর ডেকে।
ঠেকে তো শেষ হয় নি শেখা, কেবলি তাই ঐ লেখাজোখা।
কালের কালিতে কাঁদিতে কাঁদিতে চাহিয়া রই
রুই কাতলা, বা কই যত বেশি বলি তারা যে জলজ,
সেই তলে রই।
আমোদে আনন্দে আত্মহারা হয়ে কেমনি
চক্ষুলজ্জা সরিয়ে নিয়ে যে চায় যেমনি।
দুর্গম এই পৃথিবীতে চাই অন্ন, বস্ত্র আর বাসস্থান,
কেউ যদি করে তাই দানের বড়ো দান।
এক শ্রেনীর মানুষ, দিনে দিনে থাকে কপর্দক ছাড়া।
কালের গতিতে টেকে তারাই গণিত জানে যারা।
নিপীড়ন ও নিপীড়িত ভালোবাসা আমাদের কাছে এক।
শত সহস্র বছর আগেই বিজ্ঞান,
তার ফানুস উড়িয়েছে লেখ।
সাত সমুদ্র তেরো নদীর অস্তিত্ব ভুলে
সেই মানুষটি আজ হাই তোলে সব কিছু ভুলে।
দীন থেকে দিনান্তে আজি, কেবলই প্রচেষ্টা চলে,
কঠিন বাস্তবে, লাল হয়ে চোখ,
কষ্ট চলে সেই অস্তাচলে।

4. মায়া

মানুষ কেন, মনে হয় যে কোন প্রানী
তার আত্মার টানে পড়ে দোটানায়।
সত্যের পথে চলে বারে বারে বাড়ে আর খায়।
মায়া রূপী মানুষ কখনো হয়ে যায় দেবতা।
আবার ঐ মায়ার ছলে চলে অপদেবতা থেকে দানব।
কখন যে কে ভর করে জটিল বড়োই , নিমেষেই অজ্ঞতা।
মায়ার মায়াই হায় ভর করে মানুষ,
কখনো লেখে, দেখে সবকিছু।
কখনো বা বলে ওঠে, সেই আজ সেই প্রতিশ্রুতি পুরনের নেশা।
মায়ার মায়াই বিমোহিত হয়ে, কখনো সে ওঠে সে গান গেয়ে।
হারিয়ে যায় কোন সে দুরে,
ছেলের মায়ায় বাবা- মা ছোটে,
মায়াবী ঐ দুচোখ কখন যে তাকে সবকিছুলোটে।
সেও তো নয় কি এক প্রকার সংক্রামক ব্যাধি?
হাত পোড়ে না হৃদয় পোড়ে যদি।
সাদা মনে ভাবলে যদি, কোন সোনার সংসার ভেঙে যায়।
অদ্ভুত সে মায়াবী পরিস্থিতি।
মন হারিয়ে কোথায় অন্যকিছু চলে মৃহ্যমান ভাবে।
কখনো তার কথা ভেবেছ কি?
মানুষের মনে যুদ্ধ চলে সদা মায়া ও মস্তিষ্কের সাথে।
মস্তিষ্ক যেই বা হারে, মানে ঐ কুসংস্কারের কাছে।
যখন সদা মস্তিষ্ক যুক্তিতে হেরে যায়,
বুদ্ধিমান ব্যক্তিরা অবশ্যই তখন করে মায়ার উদয়।

5. লাল মানিক

চলছে সে পথে , গুটি গুটি পায় ।
গ্রামের সড়কে. নীল জামা গায় ।
নামতাটা সে. জোড়ে জোড়ে পড়ে ।
শিক্ষক তার আজ , এসেছে যে ঘরে ।
সুযোগ পেলে সে, করে বদমাসি ।
দাসদাসি দেখে তা, করে হাসাহাসি।
বাবার লালচোখে , ভয় সে তো পায়।
মায়ের লালচোখ হাসিতে এড়ায় ।
দাদুর ভালোবাসা সবখেকে মিঠা।
দাবী মতো সবি জোটে, এটা কিম্বা ওটা।
ঠাকুমার সাথে , হাত ধরাধরি করি।
মায়ার বাধনে সে, যায় মামাবাড়ি ।

৬. ভাবনা

আজ নই তো আমি রিক্ত, ঐ জনজীবন মত।
ছায়া শীতল কথা বলতে বলতে ধোঁয়া ছাড়ে।
পোড়ে তলে তলে, ধীরে ধীরে ব্যথা হীন ভাবে।
মানষিক ভারসাম্য রক্ষা করে হায় চলে, সাথে।
শত সহস্র জোছনা রাতে কোকিলের ডাক।
গাছপালা ও সবুজ করে তারি পরিমাপ।
চির মিলনে উদ্যত হতে থাকে তাঁরা।
ঠান্ডা মেজাজের তাই অগত্যা দু'জনে হয় ছন্নছাড়া।
শান্তির দেবদূত তুমিও তো আজকে হতে পারো।
সেই গাঙ চিল ওড়ে আকাশে ফলে ধীরে ধীরে আরো।
ভাবনা হল মা, সে তো হোক সব ভালোবাসার গড়।
কেবলি যেন সে, সবকিছু ভুলে, আপনকে আপন কর।
দ্বেষ যেন দেশ ছাড়ে, আজি হতে মর্ম স্থানে।
কেবলই পিছুটান হয় যেন মন তারি বন্ধনে উচাটনে।
উনিশ বছরের ভালোবাসা যেন না হারে কোনদিন।
স্ত্রী-র সাথে মায়াও আছে মনে লয় যেন নিশিদিন।
সে ছড়া হল ছাড়াছাড়ি, মৃত্যুসম কর্ণে বাজে।
হলেই না হল স্বপ্ন পূরণ শীতল, এই জীবন সাঁঝে।
কুলাঙ্গার সে নদী বয়ে হায় জীবনের সবকিছু ভাস্গে।
তারি পরিমাপ করতে হবে আজি,
ঐ ঘাটের পথ যদি ডাকে এই জীবন বাঁকে।
কালের নিয়মে যে কেবল শেষ হয় সবকিছু।
আমরা যেন শুধু খারাপই ভুলি, তবে ভালোই নেয় পিছু।

7. শীত

থাকতে ভালো মনে, মন বেঁধেছি তোমার সনে।
আজ যে হায়! সরষে দেখি চোখে তোমার আশা পূরণে।
সে তো এক পূর্ণতা, আসে তারি বন্ধনে আবদ্ধ।
কবোষ্ঞ কলি , শীতের সকাল সন্ধ্যা হয় রুদ্ধ।
মনের ঐ নরম উষ্ণতা উপভোগ করে চুপিসারে।
ঠান্ডায় পেলে সেই মধু, মরতেও পারে অনাহারে।
কুজনে কু-জন করে হায় হায়, না পেয়ে কোনো খেই।
চলে সেই রিক্ত হাতে , চাল ভুলে চাল নেই।
বাইরের শীতলতা যেন, জাঁকিয়ে না বসে মনে।
ভাঙবে রে সংসার, মন যদি মাতে সঙ্গী অন্বেষণে।
আসবে হয়তো আবার জীবন বসন্ত।
হয়ে যাবে সবাই পাথর , হয়ে রবে সেই ঘুমন্ত।
জীবন্মৃত মানুষ গুলো কি ছিল এর যোগ্য?
হয়তো বা! ছলছল নয়নে কখনো দাঁড়ায় সে মা হারা।
গড়তে গিয়ে সেতো এক ভেঙেই ফেলা নয় কি ছন্নছাড়া?
জয়ী সে মনে শেষের দিনে, হয়তো হারে কোনখানে।
জয়ীর জয়ী হবে সে মন, যে মন রহে কেবল উৎপাদনে।
শীতের এই শীতলতা যেন যায় না মন ছেয়ে।
সম্পর্কের ঐ স্নিগ্ধতায় যেন, মন ওঠে সদা গেয়ে।
তোমার কেতন, যেন তোমাতেই রয়
সকল কথা শেষ, বিজয় যেন তোমাকেই ছোঁয়।

৪. স্বপ্ন

বাস্তবতা তখন দুঃখ ভরে দেয়,
নিমজ্জিত হই অন্ধকারে।
তখনই হয় স্বপ্নের উদয়,
নতুন কিছু সৃষ্টি এই সংসারে।
সৃজনশীলতা যে এক স্বপ্ন,
ভুলে গেলে হয় না,
বাঁচতে হলে চলতেই হবে,
পরাজয়ের পারদ চরতেই পারে,
মন যে সে কথা কয় না।
লাল, নীল, সাদা সব কথা,
থাকবেনা কভু মাথা ব্যথা,
চলতে থাকবে জীবনে।
জটিল করলে হয় রে জীবন,
ভালোবাসার হয় অকালে মরন,
সেতো আর কেউ চায় না।
চাষার জোয়াল গোয়াল ঘরে,
জ্বালায় জ্বলে , মুখ গোমড়া করে,
ফসল যে হয়, তারি জোরে,
খাওয়া পড়া তাই হয় না।
মণি-মুক্তাগুলো তো আর সকলের জন্য না,
যারা কষ্ট করে খোঁজে তাঁরাই পায়, অন্যেরা না।
স্বপ্নের ঐ ফেরিওয়ালা,
আসে রে আর কোথায় যায়,

ভোলে পরাজয় ,
তবেই হবে ঐ স্বপ্নের জয়।
অদ্ভুত অদম্য মনে,
আছে সে প্রত্যয়।

৯. লেজ কাটা

নানা রঙ নানা দিক, ধাঁধা করে ধ্যান।
ধর্মান্ধ হয়ে চোখ, অন্ধ করে জ্ঞান।
ল্যাজটা শুধুই সেই বিড়ালটার আছে।
ল্যাজ নিয়ে ইঁদুরগুলো যায় কি তার কাছে?
ময়ূরের ল্যাজ দেখো অহঙ্কারে ভরা।
সর্পের ল্যাজ দেখো, তার কাছে, কত ধামাধরা।
কুকুরের ল্যাজ কভু সোজা হয় কি তা?
ঘোটকের ল্যাজ যেন মনে হয় মাথা।
বাঘ আর সিংহ ল্যাজ উঠিয়ে দৌড়ে।
ল্যাজের জোরেই তো ওরা শিকারটা ধরে।
কাঠঠোকরার ল্যাজ ভীষণ দরকারি,
ল্যাজটা না থাকলে সে হবে অনাহারী।
মাছের ল্যাজটা যে দাঁড়ের মতোন।
পানকৌড়ি ল্যাজ নিয়ে, ডুব দেয় যখন তখন ।
ক্যাঙ্গারুর ল্যাজ তো রহস্যে ভরা!
বানরের ল্যাজ তাকে করে ভাঙ্গাগড়া।
মানুষের ল্যাজ তুমি দেখিয়াছ কভু?
ল্যাজ ছাড়া তারা কভু কি হইয়াছে প্রভু?

১০. মুহুর্মুহু

তারা যে হারিয়ে গেল, আর এল না, হারিয়ে গেল।
মমতার জঙ্গলেই ঠাকুরের দর্শনে বিশ্বাসী হল।
ভালবাসার কোমলতায়, নয় নতমস্তকে দাঁড়িয়ে,
টান তাদের হৃদয়ে ছিল, দিয়ে দুই হাত বাড়িয়ে,
টনকে খবর আর গিয়েছে কবর, ফিরে না পেল।
তারা যে হারিয়ে গেল, আর এল না, হারিয়ে গেল।

❦ ❦ ❦

কাঠ পাথরের জঙ্গলে খুঁজে বেড়াই যে মন হারায়,
নরম সে বাস্তবতা ভুলে, তোমারই কাছে চাই যে তোমায়।
তুমি এলে, কোলে তুলে নিলে, সব কিছু ভুলে।
আর যে চাই, সে তো সবক্ষণে তোমার জয়গাথা চলে।
তারাভরা আকাশ, শুধুই পিতৃপরিচয় হল।
তারা যে হারিয়ে গেল, আর এল না, হারিয়ে গেল।

❦ ❦ ❦

হল না তো কিছু কখনও, ব্যাকরন ছাড়া।
তোমাকে পাওয়া হল না তো তাই, আছি দিশেহারা।
কত স্বপ্ন ছিল তোমাতে আমাতে।
কখনো গভীর বনে , শব্দভেদি বান , হরিণ মৃত হয় তাতে।
মায়াভরা মন, করে অনুক্ষণ , না হয় আমাকেও পেল।
তারা যে হারিয়ে গেল, আর এল না, হারিয়ে গেল।

❦ ❦ ❦

ধরার এই মায়াবী দেশে, ধরাধরি করি মন আবেশে।
দিন দিন পরে থাকি তোমার আশায় নিমেষে।
এলে না হায় তুমি, হল বৃথা মনোরথ।
ভূলে আমায়, কেন জানি না? হলে বিপথ।
খনার বচন তো সবাই জানে, তবু খনা কি পেল?
তারা যে হারিয়ে গেল, আর এল না, হারিয়ে গেল।

১১. একাদশী

মন সদা ব্যস্ত, নব নব সৃষ্টির আশায়,
নেই সেখানে কোন, দ্বেষ কিম্বা হতাশা।
শুরুটা করো শুধু, শেষ একদিন হবে।
তোমার ঐ সৃষ্টি একদিন জোড়া পাখনা নেবে।
উড়বে গগনে সে , উড়িয়ে এক বিজয় কেতন।
প্রফুল্ল হবেই তুমি, পূর্ণ হলে মন।
আসিবে অনেক বাধা, সম্মুখে তোমার।
কখনো হতেই পারে, সইতে অত্যাচার।
দেব আর দানবের যুদ্ধ সদা চলে।
সৃষ্টিকর্তা থাকে শুধু দেবতার দলে।
তাই আছে আমাদের জানা,
সৃষ্টির কথায় কভু পিছু হটতে মানা।
জানি একদিন জয় হবেই হবে তোমার।
সেদিন পূর্ণ হবে আশা, আর ব্যর্থ লোকাচার।
সৃষ্টিকর্তা থাকে শুধু সৃষ্টিকর্তার সাথে।
নিন্দুকেরা বৃথায় তোমাকে শুধু, পিছে ডাকে।
এগিয়ে যেতে হবে তোমায়, সব বাধা পেরিয়ে।
পৌঁছে দেখবে সব , পিছুটানগুলো , গেছে হারিয়ে।
বিজয় কেতন উড়বে সব কিছু শেষে।
দেখবে, নিন্দুকেরা তখন সমর্থকের বেশে।

12. প্রকৃতি

২০২০ এল এক হরষে।
সবাই সমানভাবে আনন্দে ও হাসে।
কিন্তু এলো এক সমস্যা, এক ভাইরাস।
লোকে সবাই বলে করোনা,
সবাই ভাবে চীন দেশে জন্ম তার,
চীন দেশেতেই শুরু।
এরই দাপটে চীন হতে চাইলো গুরু।
বিশ্বের সকল দেশে এর সংক্রমনে,
কত শত লোক গত হল, সে কেবা জানে।
আর, এন, এ ভাইরাস সে, ভীষন ভয়ঙ্কর ।
ছোঁয়ায় সে রোগ ছড়ায়, অতি আড়ম্বর।
ভ্যাকসিন তো এল , তবু সংক্রমন শেষ হতে না চায়।
একের পর আরেক স্ট্রেন আসে, দফায় দফায়।
বিজ্ঞানীরা বলে সে তো মিউটেশনের ফল।
বিবর্তনের ধারাবাহিকতায়, সে যে গ্যাড়াকল।
এত যে প্রতাপ তবু , মানুষ বাঁচিবার তরে,
জীবন যে সবথেকে দামী তা জেরবার করে।
আমেরিকা, জাপান সহ সব উন্নত দেশে
কত প্রাণ হায় ঝরে গেছে চোখের নিমেষে।
কত শত নিয়ম এলো , হলো এলোমেলো।
বিধাতা কেন হায়! আমাদের নিয়ে,
এরূপ ছিনিমিনি খেলো।
জানি না কখন এই উৎপাত হবে শেষ।

সব কিছু ভুলে ফিরবে শান্তির পরিবেশ।

13. তুমিও হারিয়ে গেলে

মন আজ মানলো না! একটু জল আজ পড়েই গেল, তোমাকে
ভেবে।
বৈশাখী সন্ধ্যায় সকলের সম্মুখেই, মিলেছিলাম দুজনে।
জানতো না তো কেউ! হয়তো বা কেউ কেউ আঁচ করেছিল।
মিলছিল আমাদের পছন্দের, মনের ও ভালোবাসায়।
আনমনে তাই চলতে চলতে সেই হোঁচট খাওয়া,
এখনো যখন বিষম খাই, মনে করি, তুমি হয়তো ভাবছো
আমায়।
মনটা তখন কেমন যেন উতলা হয়ে ওঠে।
মুখটা মনে পড়ে তোমার, সেই করুন মুখটা,
কঠিন শঙ্কায় ছিলে, জানি তুমি।
সইলে কত যে মানসিক অত্যাচার, মুখ বুজে।
যখন তোমাকে ছেড়ে আসতাম তোমায়,
ঐ করুন অপলক দৃষ্টি আজো মনে পড়ে!
চোখে জল এমনিতেই গড়িয়ে পড়ে! হায় এখনোও!
মনটা যে এখনো মানে না। তোমার কথায়!
তুমি যখন কাছে থাকতে, মনে হয়, এখনি তো এলে,
সময় যে ক্যামনে, চলে যেত!
ঘড়ির কাঁটা মনে হত, ঘুরতো দ্রুত।
পাশে বসে, সেই আস্তে তোমার কথাগুলো
হৃদয়ে গেঁথে যেত, তুমি কি টের পেয়েছিলে?
তোমার দেওয়া সেই গোলাপ সযত্নে আগলে রেখেছি।
শুকিয়ে গেছে, সময়ের তরে! তবু ফেলতে পারিনি।

তোমার প্রতিটি চিহ্ন, আজো আমার কাছে জীবন্ত!
তোমার মুচকি হাঁসিটা আজো মনে পড়ে।
হাঁসি পেয়ে যায় হঠাৎ। তখন অনেকেই অবাক হয়।
কেমন যেন তোমার মায়াবী ঐ চোখে আমি ডুব দিতে
চাইতাম।
তুমিও তো সবই বলেছিলে সব কথা!
হয়তো বিশ্বাস করে! হয়তো বা শ্রদ্ধায়, হয়তো বা
ভালোবাসায়!
জানি না! তবে স্নেহের পাত্র ছিলে তুমি।
তোমার ঐ গন্ধ আজো আমার মস্তিষ্ক মাতায়!
কখনো দুঃখে, কখনো বা আনন্দে।
চলে কথাগুলো স্বপ্নে, বা সন্মুখে,
স্মরি যে তোমায় সারা সারা দিন।
হই কেবল তোমাতেই বিলিন।

14. পরম পাওয়া

স্বপ্নটা ছিল সেই ছোট থেকেই, হারিয়ে ফেলিনি।
বরং বলা ভালো, দারিদ্র তাকে হারাতে দেয়নি।
বাবার হাড়ভাঙা খাটুনি দেখেছি, মায়া হয়েছে ।
আত্মীয়েরা এসেছেন, বলেছেন, সাথে আছি!
কিন্তু কাজের বেলা, সাথে কেউ কি ছিল?
উত্তরটা সবারি জানা! এখন ভাবি আর হাসি।
খারাপ সময়, চলে গেছে! রাত শেষ হয়েছে।
শাস্ত্র বলে " চক্রাবৎ পরিবর্তন্তে দুখাঃনি চ সুখানি চ।"
তাই আজ আগ বারিয়ে যারা বলে পাশে আছি,
তাঁদেরকে বড়ো ভয় হয়! বাস্তবে সেই সকল মানুষগুলি,
সব থেকে আগে কেটে পড়ে! চুপিসারে, চুপিচুপি।
আর যে সকলকে তুমি কর অবহেলা,
বিপদে দেখবে, অনেকেই তারা পাশে আছে,
দাঁতে দাঁত লাগিয়ে লড়াই করছে তোমার সাথে।
তাই যদি পারো! একটু দেখে নিও সঙ্গীদের।
ঠকবে না তুমি!
লজ্জা তো সেটাই ,
আমরা সবাই মানুষ চিনতে ভুল করি।
কখনো ভুলি সৌন্দর্যে, কখনো বা দক্ষ অভিনয়ে।
সত্যকে উলঙ্গের মতো দেখতে খারাপ লাগে।
বড়ো ব্যথা পাই মনে।
তবুও নিজেকে ভালোবাসো সবথেকে বেশি!
ধান্দাবাজদের দাও নীরবে বিদায়।

শত্রু আর কে? তারাই তো দানব!
বুঝিয়ে দাও, তুমিও কম না কারো থেকে,
দেখবে তারা, সুর সুর করে,
হারিয়ে গেল কোন সে দূরে।
জানো তুমি, " দস্যি গরুর থেকে শূণ্য গোয়াল ভালো!"
তাই অনেক হয়েছে, আর না, মনের জানালা এবার খোলো।
নিজেকে ভালোবাসো, একটু প্রাণ খুলে,
সজোরে বলো,"আমিও আছি!"
তার আগে তিলে তিলে গড়ে তোলো নিজেকে।
পারদর্শী কখনো কি কোনখানে ভয় পেয়েছে?
জড়তা কাটিয়ে উঠে, দাও ডাক সজোরে।
তোমার নিনাদ ক্ষিপ্র গতিতে যেন ধাক্কা মারে,
ওদের শ্লাঘায়, চুরচুর যেন হয়ে যায় ওরা অন্তরে অন্তরে।

15. নিয়তি

আচ্ছা তুমি কি ঈশ্বরে বিশ্বাস রাখো ! উত্তরটা যাই হোক না কেন?
প্রশ্নটা কিন্তু থেকেই যায়! একদল মানুষ কিন্তু খেটেই যায়।
আরেক শ্রেনীকে দেখ! তার কিছু শুরু করার আগেই হাজারো প্রশ্ন তোলেন।
সফল কে হবে? সেটা কি আর বলে দিতে হবে!
আচ্ছা তুমি পড়ো কোন দলে?
কাজ করতে করতে হাতে অচল হয়ে আসে!
হৃৎপিণ্ডটা মনে হয়ে থেমে আসছে!
সেই ব্যক্তি কি কখনো হয় ব্যর্থ।
হ্যাঁ! সেও হয় , কোন কোন স্থানে।
আবার কাজে ফাঁকি দেওয়া ব্যক্তিও সফল হয়।
কথাটা ধ্রুব সত্য নয়। কিন্তু তাহলেও হয়।
চমৎকার হয় মাঝে মাঝে।
কখনো সামনে কখনো বা পিছনে।
সবকিছু তখন যেন গুলিয়ে যায়।
তখনি বলি এ নিয়তির খেলা।
লোকে বলে-" উলুবনে মুক্তা ছড়াতে নেই।"
কথাটি যে সত্য প্রমান দেয়, প্রতিটা মানুষই সবখানে।
তারা আদরণীয়দের করে অনাদর,
প্রতিটা কর্মের সঠিক ফল দেন বিধাতা সঠিকভাবে।
যারা কিছু পাওয়ার আসায় কিছু করে,
তাদের জোটে শুধুই হতাশা! স্থলে স্থলে।

দিন হতে দিনে।
মুক্তা মহা মূল্যবান সদা, তাকে অর্জনে মম।
সহজে কি পাওয়া যায়, সেই মন, যে অমুল্য সম ।

16. চলন্ত পৃথিবী

আরে, তোমরা কি এখনো বসেই আছো!
কেন জাগছো না এখনো! মনে ভাবছো কি করবো?
ঐ বাবুই পাখিটির দিকে একবার চোখ মেলে দেখো?
দেখবে ঐ উঁচু তাল গাছে তার বাসা: কি সুন্দর!
একবার ভালোকরে দেখ! দেখ আরো একবার।
কেমন তার শৈল্পিক ভাবনা ফুঁপিয়ে উঠেছে,
তার ঐ শিল্প কর্মে।
কেউ কি বলেছে, ঐ বাসা তৈরি করতে?
এটা, তাদের একটা তাগিদ বলতে পারো!
আর আমরা! পৃথিবীর শ্রেষ্ঠ জীবেরা, কেমন যেন অসহায়!
সব সময় অন্যকে অনর্থক দোষারোপ করি।
এভাবে হয়তো, কুঁড়ে ঘরেই আমাদের জীবন কেটে যাবে।
আমরা হয়তো নিজেদেরকেই কোথায় নিয়ে যেতে চাই,
ভেবেছো?
ধাপে ধাপে, নীচ থেকে আরো নীচে ।
মানুষের এ অভিব্যক্তি, খুবই তখন নাড়াচাড়া দেয়।
মন চঞ্চল হয়ে ওঠে। মানবতা কেমন যেন শুয়ে থাকে।
দূরে ঐ দূরে, কোন গুহায়, মান্ধাতার সাথে।
একবার, তুমি চোখ খুলে নিজের পাওনাটি শুধু বুঝে নিতে
চেষ্টা করো।
মাথাটি উত্তেজনায় নয়, স্থির রাখো!
অসহায় জীবনকে পূর্ণ করো, দেবতা, দানব নয়,
মানুষ হও, স্থবির নয়, এক সতেজ মানুষ।

17. নববর্ষ

আর সাতটা দিনের মতো না, এ এক বিশেষ দিন!
এ দিনেও সূর্য ওঠে , রাত হয়,
তবুও আনে নতুন এক দিশা,
আনে অনেক স্বপ্ন, কাটাবে অমানিশা,
ভোর চারটেই সেদিন ও বের হবে ঐ কুলি,
নতুন কোন খরিদ্দারের আশায়,
মনে থাকবে নতুন আশা,
হয়তো বা ছেলেটির নতুন জুতা, বা উচ্চশিক্ষা,
হয়তো বা আদরের মেয়েকে জড়িয়ে ধরে একটু খুনসুটি!
মেয়ের আবদার মেটাতে চাওয়া।
স্ত্রীর শীতের একটা নরম পোশাক, বা অন্যকিছু!
ভালোবাসায় মানুষদের একটু কাছে পাওয়ার আশ।
নিজের জন্য এক নতুন টার্গেট তৈরী।
আরেকটু সব কিছু উন্নততর!
মনের খারাপ সেই অভ্যাস, বা নেশা মুক্তির প্রতিজ্ঞা।
কারো লাল চোখ উপেক্ষা করার সাহসের জোগান।
কখনও বা নতুন যানবাহনের স্বপ্ন।
কখনো বা প্রতিবাদ, অন্যায়ের, নিজেকে নতুন করে গড়া।
বেঁচে থাকা নতুন করে,
নতুন কর্মসূচী, কারো বা স্বাধীনতার শুরু।
সবাই সমানভাবে আনন্দে আত্মহারা হওয়ার স্বপ্ন।
কালো অতীতকে ঝেড়ে ফেলা।
অবহেলার অবসান।

বাচ্চাটির গুটিগুটি পা ফেলা, আধো আধো কথা।
মা বাবার প্রতি একটু ভালোবাসা নতুন করে।
ফিরে দেখা সেই উজ্জ্বল অতীতের ঘটনা।
যেখান কেবল আছে উন্মাদনা আর সম্মাননা।

১৪. বর্ষ শেষ

হৃদয়ে তুমি ছিলে, তুমি আছো, তুমিই রবে।
এই ভগ্নপ্রায় কুঠির তুমি আলো করে আছো,
দিন থেকে দিনান্তে,
রাত্রিতে তুমি আলো হয়ে ওঠো।
দিনের শেষে তখন আমি পরিশ্রান্ত,
তোমার ঐ হাসি মুখটা মনে পড়লে,
কেমন যেন মনটা শীতল হয়ে যায়।
অগোছালো এই পৃথিবীতে ক্ষণস্থায়ী আনন্দের জীবনে,
কেমন যেন স্থায়িত্বের আভাস পাই।
জানি হয়তো সেটা অমূলক, হয়তো বা অমুল্য।
এমনি করেই বছর আসে,
আবার কখন যেন শেষ হয়ে যায়।
যাযাবর যেমন, ঠিক তেমনি।
এসেছিলে জীবনে, আবার চলেও গেলে সেই কালের স্রোতেই।
শুধু রয়ে গেল কিছু স্মৃতি, আর অনেক নিরেট ভালবাসা।
মায়া পড়ে গেছিল গো তোমাতে, জানি না কেন।
মনটা মাঝে মাঝে আজো কেঁদে ওঠে,
জানি না কোন সে টানে, মায়ার সেই বাঁধন,
কিন্তু মায়াবী নয়।
মায়াবী, সে তো কৃত্রিমতা।
আচ্ছা কৃত্রিমতা দেখেছ কি কভু?
নিরেট ভালবাসায় ছিল,
নির্ভেজাল মায়ার বাঁধন।

দিন গুলো চলে গেল কালের স্রোতে হারিয়ে গেলাম,
যেন এক বর্ষশেষ যা ফিরবে না কোনো দিন।
শুধু রয়ে যাবে ঐ সব স্মৃতি, আর কিছু অসমাপ্ত স্বপ্ন।
জানি না কোন সে টানে, মায়ার সেই বাঁধন,
কিন্তু মায়াবী নয়।
মায়াবী, সে তো কৃত্রিমতা।
আচ্ছা কৃত্রিমতা দেখেছ কি কভু?
নিরেট ভালবাসায় ছিল, নির্ভেজাল মায়ার বাঁধন।
দিন গুলো চলে গেল কালের স্রোতে হারিয়ে গেলাম,
যেন এক বর্ষশেষ যা ফিরবে না কোনো দিন।
শুধু রয়ে যাবে ঐ সব স্মৃতি, আর কিছু অসমাপ্ত স্বপ্ন।

19. মন খারাপ

শত শত বার চেষ্টা করেছি মনকে ভালো রাখতে।
মন তো এক বড়ো কঠিন ও জটিল জিনিস,
থাকে না নিয়ন্ত্রনে।
যেখানে যেতে বারন করি সেখানেই যায় বার বার!
মান লজ্জা! তার কাছে সব কিছু তুচ্ছ।
তাচ্ছিল্যে হারিয়ে ফেলে সব কিছু।
মনটা তো হারিয়ে যায় এখানে ওখানে।
চঞ্চলতায় সে হারিয়ে যায়, খুঁজে না পাই।
পথ চলতে চলতেও হারিয়ে যায়,
আবারো ফিরে আসে।
ঘোরে আশে পাশে!
কখনো একা চলে, কখনো বা মিলনের আশে।
নত মস্তকে সে তো লজ্জার!
নত মস্তকে তোমার কাছে দাঁড়াতে আনন্দ পাই।
মনে হয় এতো তোমারই জয়!
তুমি কি আমার থেকে আলাদা! নয় তো।
তোমার উচ্চ শির দেখতে চাই যে আমি সদা।
শিখরে ওঠো তুমি, জ্বলে ওঠো তেজে।
তোমার আলোয় আলোকিত হোক এ সমাজ।
মনের গভীরে আসুক একটুখানি শান্তি।
মন খারাপ থেকে মুক্তি আমি পেতে চাই সর্বদা।
মন তুমি সদা রও সাথে সাথে ,
মানুষের জঙ্গলে হারিয়ে যেওনা যেন!

20. স্বপ্ন পূরণ

প্রকৃতির এক অদ্ভুত নিয়ম আছে!
তুমি যেটা চাও সেটা কিন্তু তুমি কখনোই পাবে না!
পাবে সেটাই , যেটার তুমি যোগ্য।
তাই যেটা তুমি চাও, সেটা যদি পেতে চাও,
গড়ে তোলো তুমি নিজেকে আগে তিলে তিলে।
নীরবে নিভৃতে যতনে রেখো সেই আশা মনে,
যদি কখনো মলিন হয় দেহ, হয় হোক!
ছেড়ো না তারে কোনদিন!
তোমার আশা তোমার কাছে কত গুরুত্বপূর্ণ,
সেটা তো জানো কেবল তুমিই!
সযত্নে লালিত সেই আশা , সে যেন থাকে!
হারিয়ে যায় না যেন!
প্রকৃতির নিয়মে সেতো ফিরবেই তোমার কাছে!
সেদিন তোমার সেই বিজয় কথা বলবে নীরবে।
আর তুমি! সেদিন মুচকি হাসবে মনে মনে।
হয়তো সেদিন তুমি বিধাতাকে মনে মনে স্মরণ করবে।
উপভোগ করবে বার বার সেই জয়কে।
ধন্য হবে তুমি মনে মনে।
সমাজের সকলের মুখে সেদিন পড়বে তালা!
চাবিকাঠি কিন্তু সেদিন ও রেখো তোমারই কাছে সর্বদা।
জয়কে আর কেউ সম্মান না দেয়, সেটা নয় বড়ো কথা।
তুমিই জানো, ঐ জয় কেবল তোমারই প্রতিষ্ঠার জয়গাথা।

21. একাই চলি

জীবনে এলাম একা একা।
এই পৃথিবীতে তো অনেক দিন কাটিয়েও ফেললাম।
অনেকে মনের অতল গভীরে দাগ কাটলো।
যখন জীবনে কি পেলাম হিসাব করি,
দেখি হিসাব কখনোও মেলে না।
যেটা হয়েছে সেটা অনেক সময় হওয়ার কথা ছিল না!
আবার যেটা হয়নি অনেক সময় হওয়ার কথা ছিল!
অফুরন্ত ভালোবাসা পেয়েছি অনেকের কাছে,
আবার অনেক প্রত্যাশা হত হয়েছে মাঝপথে।
এই ভুলে যাওয়া বুলে যায় সেই পরাজয়।
ভুলের মাশুল দিতে নিজেকেই হয়।

আহত হয়েছি আমি মনে মনে।
অনেকের লাল চোখ আজো আছে আমাদের দিকে!
কেন জানো ? অনেকের অজানা তাহা!
তাদের কালো প্রত্যাশা হয়তো তুমি পুরণ করো নি!
হয়তো বা হয়েছো কারো মনোরঞ্জনে ব্যর্থ।
অব্যর্থ জয়ী হতে হতে হেরে গেছো তুমি!
ভালো করে খুঁজে দেখো! দোষটা কিন্তু তোমারই!
যদি খুঁজে না পাও ঐ কারন , ব্যর্থ হবে বার বার !
একা একা মনে ভাবি, ক্ষনে ক্ষনে চাই!
ক্ষণিকের ব্যর্থতা কেন ভুলে যাই।

এই ভুলে যাওয়া বুনে যায় সেই পরাজয়।
ভুলের মাশুল দিতে নিজেকেই হয়।

২২. হিসাব নিকাশ

থর থর করে যখন কাঁপতে থাকি ভয়ে!
তখনই আমরা আমন্ত্রণ দিই নিজের পরাজয়।
মনের গভীরে ডুব দিয়ে দেখি নিজের অবস্থান,
তোমার কথা ভেবে পাগল ঐ ধ্যান।
জগৎ চলে ঐ কঠিন এক অঙ্কে ।
ঐ হিসাব করে , জানো তুমি কে?
হিসাব মিললেই হবে সব কিছু।
গরমিল হলে সে নেবে পিছু।
অলসতা এক হারের লক্ষন।
থর থর করে যখন কাঁপতে থাকি ভয়ে!
তখনই আমরা আমন্ত্রণ দিই নিজের পরাজয়।

❧❧❧❧

জানি তবু ছেয়ে যায় যুগ যুগান্তরে।
অলসতা তো হেরে যাওয়ার এক নাম।
শেষ হিসেবে সবই থাকবে ধরা।
তবু কেমন যেন মনটা কাঁদে,
কেবলি তোমাকে ভেবে।
জানি, গেছ চলে, সেই না ফেরার দেশে।
তবু, গন্ধে তোমাকে পাই, তোমায় ভালবেসে।
থর থর করে যখন কাঁপতে থাকি ভয়ে!
তখনই আমরা আমন্ত্রণ দিই নিজের পরাজয়।

23. বড়দিন

ছোটবেলায় ছিল একটা ধারনা, দিনটা বোধহয় বড়।
তাই ছিল বড়দিন।
জানতাম না তো ভূগোলের এই কচকচানি।
জানতাম না, আহ্নিক গতি, বার্ষিক গতি,
উত্তরায়ণ বা দক্ষিনায়ণ,উত্তর বা দক্ষিণ গোলার্ধ ।
সান্তা আসতো চুপিসারে ,
দিয়ে যেত উপহার বারে বারে।
লাল জামা ও লাল সেই টুপি পড়ে।
কুকুর টানা সেই স্লেজ গাড়ি চড়ে।
ঐ দিনে চলো আমরা আবার সেই ছোট হয়ে যাই।
ছোট হই আর সেই আনন্দ পাই,
নির্মল সেই আনন্দ, মায়ের সেই কেক খাইয়ে দেওয়া।
ভাই বোনের সাথে সেই ভাগাভাগি, আজো মনে পড়ে।
রূপক সেই কল্পনার অবসান চাই না ঘটাতে।
চাই আসুক সান্টা, স্বয়ং নেমে এই সংসারে।
চুপিসারে চুপিচুপি , বারে বারে।
আসুক আর নিয়ে যাক অশান্তি,
অনাদর ও অনাহত সব।
প্রত্যেক মিথ্যাই যে বিষধর সাপের থেকে ক্ষতিকর,
নষ্ট করে ধীরে ধীরে সব কিছুই, ভুলে সে না যাই।
বিধাতার কাছে নত হয়ে মাথা,
শান্ত সেই জীবনের জয়গাথা।
দিয়ে যাক ভালোবাসা, আর ভালো সবকিছু।

নূতন বছরে হোক এক অনাবিল আনন্দ।
সম্পর্কের শীতলতার হোক অবসান।
গড়ে উঠুক এক নবীন পৃথিবীর সমাজ।
মানবতার হোক জয়।
নূতন বছরে আমাদের বয়স যেন
আরো এক বছর নবীন হয়।

24. ছুটির দিনে

কি আনন্দ! আজ দিনটা কেমন যেন অন্যরকম।

আজো সূর্য উঠেছে, কিন্তু তার রঙ একটু গাড়।

সূর্য, জোছনার আলো, পিতৃভূমি, ও পিতৃপরিচয় এক আসনে
বসে।

কালো কালো মেঘ ও আসে আকাশ পাতাল ভাবাতে।

তার মধ্যে তুমি তো আছো, লাল গরদের শাড়ি পড়া।

ঘন ঘন মনের গভীরে ডুব দিতে চাওয়া।

বাবা মায়ের একমাত্র সন্তান হারা কাহিনী।

হরিশ্চন্দ্র, ধনকুবের, লাট সাহেব, বিবি কা মাকবারা
সবকিছুই।

দিনটা কেমন যেন ছোট মনে হয়।

ভালোবাসায় , সেই মানুষগুলোকে আরো কাছে পেতে চাই।

তাই একদিন প্রতিদিন এক নয়।

মনের কথা গভীরতা মাপতে চায়, অতল গহ্বরে নিমজ্জিত হয়ে।

ফলগুলো গাছের শোভাবর্ধন করে।

বাইরের লোকজন তাদের আক্রান্ত করে।

নিটোল পাকা পাকা ফল , আম, আপেল সহ কতকিছু।

পরিশেষে একটি কথা, কথাই থেকে যায়।

আমি জানতাম না, অনেক কিছু,

আলোচনা সকলকেই জ্ঞান বৃদ্ধ করে,

অন্তরে অন্তরে চলে যায় সুমেরু কুমেরু।

জ্ঞান বিজ্ঞানে ডুবে তাই।

কবিতা, যেন পাণ্ডুলিপিতেই আটকে থাকে।

ঊষর পৃথিবীর কথা মাঝেমধ্যে ভাবায়।
যা আজ শুরু করলাম, কয়েক দিন পর তা পুড়ানো হয়।
কাক পক্ষী ওড়ে আর বার্তা দেয় ভবিষ্যতের।
নতজানু হয়ে ওঠে গর্বে।
আর আনন্দ, সে তো প্রকাশের আলো।
জ্বালিয়ে অনেককে পুড়িয়ে দেয় মনে মনে।
বুঝতে পারে তার এক মাত্র লক্ষ্য, শয়ানে সপনে।

25. সময়

তুমি সেদিন এলে চলে, ঐ সকল হতে।
মহামানবদের সেই কথাগুলো মনে পড়ে যায়।
ক্ষুদ্র আমি, তাদের কাছে, মনে হয়।
এ জগতে চলে ভাঙ্গাগড়ার এক নির্মম খেলা।
যিনি মনে করেন তিনি সম্পূর্ণ, সর্বশ্রেষ্ঠ, সর্বশক্তিমান,
ঈশ্বর তার ভ্রম দুর করে ধীরে ধীরে।
তিনি সদা থাকেন তার-ই সাথে,
লড়ে সাথে নিয়ে দাঁত থেকে দাঁতে।
যে তার সাথ চায়, কি ভীষন সত্য, ছাড়ে না তাকে।
কেবল চালাকির আশ্রয়ে আশ্রিত কর না আমায়।
সব ছেড়ে আমি শুধু তোমার সাথ চাই ।
ঠান্ডা কিংবা গরম, সময়ের সাথে চলে যায়,
আবার ফিরে ফিরে আসে, এ জগতে।
সময়ের সেই খেলায় অংশ অবশ্যম্ভাবী।
জয়ি সেই হয় , যে সময়ের সাথে সাথে চলে ,
আর তার মূল্য বোঝে।
দানব সেই অলসতা প্রবৃত্তি,
নিয়ে রাখে পরাজয় সর্বদা।
তাঁর চোখে সেই দেবতা,
দেবত্বের গুণে ও মহিমায় উদ্ভাসিত হয়ে যায় যায়,
সে মানুষ যে দেয় সময়ের মূল্য।
তাই একদিন প্রতিদিন, দেবত্ব পায় সেই,
যে ধীরে ধীরে এগিয়ে চলেছে গুটি গুটি পায়ে,

সময়ের আলোচিত ধারাভাষ্যকার হয়ে।

২৬. মানুষ

যে ব্যক্তিটি সকলকে ফালতু কথা বলে বলে সকলকে জ্বালায়,
তাঁকে একবার সব কিছু ছেড়ে, বলতে বলুন !
দেখবেন তাঁর কেরামতি!
ঈশ্বরের মহান কৃতি,
তিনি মানুষ গড়েছেন অদ্ভুতভাবে।
এত মানুষ, এত বৈচিত্র্য, দর্শণে ও দেখতে!
ভাবি আর অবাক হয়ে যাই।
বিজ্ঞানীরা বলেন,
এতো তেইশ জোড়া ক্রোমোজোমের কারসাজি।
জন্মের অতঃপর, তারা করে নাচানাচি।
সেটার জন্য হয় ঐ বৈচিত্র্যময়।
এটা কভু অবাক হওয়ার নয়।
জীবনের এই পর্যায়ে হয় অনেক অদ্ভুত।
প্রতিরোধের ও প্রতিযোগিতা চলে।
একজন মেতে ওঠে জিতে,
আর সব হারে দলে দলে ।
এটাই যদি হয় জীবনের সৃষ্টির ইতিহাস।
প্রতিযোগিতার নামে কেন এই পরিহাস।
জন্মগতভাবে সবাই জয়ী একে একে।
সমস্যাটি শুরু হয় তাই জন্মের পড়ে থেকে।
আমাদের উচিত তাই , যখন সমস্যা করে হানা।
এগিয়েই যাবো মোরা পিছু হাঁটতে মানা।
সফলতার বীচ মন্ত্র থাকে তো সেথায়!

নাছোড়বান্দা মনোভাবে সবারে জেতায়।

27. সফলতা

মনটা আজ বড়ো উচাটন,
দুই বছর ধরে নিজেকেই সঁপেছিলাম,
এই দিনটির জন্য।
নিজের মন, সময়, আশা, সবটাই ছিল একত্রিত।
আর ভালবাসা, অদম্য সে জিনিস, কি করে আটকাই?
তাই ঐ ঘরটিতে খিল দিয়েছিলাম!
জানতাম সময় অমূল্য!
সে যে সব থেকে বড় যাযাবর!
সে কি চলে গেলে ফিরে আসে?
আসে না! একটু অবিবেচক ভাবনা মুহূর্তে
শেষ করতে পারে সবকিছু।
আমরা অনেকেই জানি,
কিন্তু যখন সময় আসে তখন ?
এই সুযোগে কিছু সুযোগসন্ধানী ব্যবহার করে নেয় তোমাকে।
এমনকি তারা বলতেও পারে গোপন প্রেমের কথা!
তুমি যদি ভুলে যাও তাতে।।
দেখবে! তুমি তার পিছনেই পড়ে আছো।
সবাই কেমন তোমায় টপকে গেল কত্তো দুরে!
ছোট থেকে মা বাবা যেজন্য তোমাকে বড়ো করেছিল?
তাদের কাছে কখন যেন কুলাঙ্গার হয়ে গেছ!
ইতিহাস বলে, যে নিজের কাজকে অবহেলা করে,
ইতিহাস তাকে কালের গহ্বরে নিমজ্জিত করে।
তুমি কি ইতিহাস হতে চাও!

তাহলে এমন কিছু সৃষ্টি করো,
যা তোমাকে ভোলাতে দেবে না।
মায়ের দিকে একবার তাকিয়ে দেখ!
যেমন নির্ভেজাল ভালোবাসা তোমার প্রতি,
এরূপ ভালোবাসা বাসো তোমার লক্ষ্যের প্রতি।
দেখতে পাবে , তোমার ঐ দৃঢ় প্রতিজ্ঞা
তোমাকে কোথায় নিয়ে গেছে।
তঞ্চকতা ছাড়ো! ওঠো আর লেগে পড়ো ।
দেখবে, মানুষ তো অভ্যাসের দাস।
কষ্ট হতে পারে, হোক,
মন্ত্রের সাধন বা শরীর পতন।
বিজয় তিলক লাগবে , কপালে।
সেদিন রাত্রে কেমন দেখবে হবে পুলকিত।
বারবার দেখবে সেদিন আপনজনের কথা মনে পরবে।
আর ঐ অধ্যাবসায়ের দিনে, অসফলতা দেখে,
যারা তোমায় ছেড়ে গেছিল, তারা কখনো তোমার ছিল না।
ঐ সব নোংরা অভিজ্ঞতা টান মেরে ছুঁড়ে ফেল!
এমনকি তারা তো ছিল ঘৃণার ও অযোগ্য।
আনন্দে পরিপূর্ণ থাকো সদা, যে তোমায় ভালোবাসে।
দেখবে জীবন ভরবে এক উল্লাসে।

২৪. আশার আশায়

আমরা এত ভুলি কেমনে? জানো কি?
আমরা তো ভুলতে চাই! তাই ভুলি। লোকে বলে।
সত্য কি তাই। যেগুলো ভুলে যেতে চাই,
সেগুলো তো মনে আসে বার বার।
কখনো ঘৃণার ভর করে, কখনো বা ভালোবাসায়।
খারাপ সেই জিনিস গুলো কেন আসে মনে বার বার।
প্রকৃতির কি নিয়ম এটাই!
খারাপ জিনিস আমাদের এত্তো ভালোলাগে,
এত্তো সহজে।
কোন ভালো জিনিস এত্তো কি সহজে পাওয়া যায়?
না! কখনো না।
তার জন্য লাগে ত্যাগ, নিবেদন, সততার সত্তা।
জীবনের অমূল্য সময়ের সঠিক ব্যবহার।
নোংড়া মনকে দাও এখুনি বিদায়।
যে সকল খারাপ, তারা কেবল টানিবে যে পিছে।
সাবধান থাকো!
করাতে পারে তারা অপমান, নিয়ে আসতে পারে অপসংস্কৃতি।
দিতে পারে ক্ষণিকের আনন্দ, তারা হতে উপভোগ্য।
গৌতম যেমন, বাল্মীকি ও তেমন।
পুড়ে পুড়ে হয়েছে তাঁরা খাঁটি।
হৃদয়কে তাঁরা করেছে যে ছাই।
তোমাকেই পুড়িয়ে তুমি পাবে সেই সফলতার দেখা,
যদি তোমার সেই সোনার হরিণ চাই।

29. উত্তর

মাঝেমধ্যে রক্তটা কেমন যেন গরম হয়ে ওঠে।
মানুষ তো আমিও।
ওদের কটাক্ষ কানে আসে বা এমন কিছু অভিব্যক্তি,
যা আমাকে খারাপ ভাবে নাড়া দেয়।
কারো তো কিছু খারাপ করিনি, বা কাউকেই বিপদে ফেলিনি!
তাহলে কেন তার এরূপ বিচার!
চিরকাল সৃষ্টি করবো আমি।
দিন দিন পৃথিবীর জন্য করবো আমি চেষ্টা,
কান খুলে শুনে রাখ নিন্দুকেরা।
হ্যাঁ! তোমাকেই বলছি আমি।
তুমি দেখবে আর কষ্ট পাবে,
আমার সৃষ্টিরাও পাখা মিলবে।
আলিঙ্গন করবে এই পৃথিবী।
আর তুমি দিন দিন হবে কৃশ থেকে কৃশতর।
শেষ হবে একদিন !
তোমার ঐ কৃতকর্ম মনেও রাখবে না কেউ।
আর আমি,
তোমাকেও তো সমান গুরুত্বপূর্ণ ভাবি।
দিন দিন চলে সৃষ্টিতে।
তোমার ভাবধারা ও ভাবনায় হই অনুপ্রাণিত।
চলতে থাকবে ঐ কাজ।
হয়তো ঐ জন্য সৃষ্টিকর্তার সৃষ্টি আমি।
তার নির্দেশের উপেক্ষা কেমনে করি?

আজেবাজে, হ–য–ব–র–ল যাই বা করি,
তাই আমার মনকে প্রসন্নতা দেয়।
তাই, একদিন প্রতিদিন দেবত্ব পায়।
তোমার, নাই বা লাগতে পারে ভালো!
সেটা তো তোমার স্বাধীনতা।
নত মস্তক এরূপ যে, মৃত্যুর থেকেও ভীষন।
তাই তোমায় করি আবার নমস্কার।
বিদায় লও তুমি এখনি, ধন্য হও তুমি, তোমার জগতে।
পারলে ক্ষমা করো মোরে।
তোমারো থেকে প্রিয় আমার ভালোবাসা,
এই সৃষ্টাচার, শিষ্টাচার।

30. উষ্ণতা

চাঁদটা না কেমন ঝলসে গেছে!
তোমার জন্য।
শীতের স্নিগ্ধতায় স্নিগ্ধ আলোর দিশা।
একটু উষ্ণতা।
লাগতো না কিছু মহামূল্য ।
চাই না তো কিছু তোমার কাছে।
চাই একটু ভালোবাসা, একটু উষ্ণতা।
কিসের লজ্জা? মুখে তো বলো বড়ো ভালোবাসো।
তোমার বুকে মাথা রেখে শান্তি পাবো!
কিন্তু সবই তো সেই লুকোচুরি খেলা!
ঠান্ডায় তখন কলুষিত হৃদয়।
কেবলি চায় সারাদিন হারিয়ে সবকিছু!
চেষ্টার প্রতিফলন তো আর দেখি নাই কোনদিন।
সাত সাগর পাড়ি দেব! ভেবেছিলাম!
তোমার শঠতার দৃষ্টি ছিল আমার দিকে!
মুখে ছিল সেই মুচকি হাসি।
আর উষ্ণতা?
কত শত না দিন চলে গেল।
মাঝেমধ্যে মজা করে বলতাম-
" তুমি আমার ছিলে , আমারই রবে।"
বাস্তবের সেই তঞ্চকতা সব থেকে বেশী করেছি আমি।
আমি আমার হৃদয়ের কাছে।
কষ্টটাও হয়েছে মনে মনে।

পুড়েছি ভেতরে ভেতরে, তোমায় আপন ভেবে।
পুতুল খেলা করেছি স্বপ্নে, তোমার সাথে।
বাস্তবতার মুখোমুখি হতে হয় সবসময়।
লজ্জার এই কথা, ঠিক ' সাপের ছুঁচো গেলার মতো!'
চোরের মত চেয়ে থাকা, সেই তোমার দিকে!
আর তুমি, যেন কিছুই জানো না।

31. এলোমেলো

জীবনটা এলোমেলোই থাকুক , চাই না আর গোছাতে।
ঐ গোছানো ভাবটাই হয়তো আমার কপালে নেই।
অথচ কোন সেই ছোটবেলায়, মায়ের সেই কোল,
বাবার সেই অল্পতেই রেগে যাওয়া, ভুলে যায় কি!
ল্যপটক ভালো না কম্পিউটার,
এইসব আজগুবি প্রশ্ন ,যখন মাথায় আসে,
তখন চমকে উঠি, মস্তিষ্কে বেদনা ধরে, তখন আর
থাকতে পারি না।
এলোমেলো হয়ে যায় কেমন যেন।
আগে থেকেই যেটা স্থির করে থাকি সেটা কখনোই করা হয়ে
ওঠে না।
কারনটা কিন্তু আমরা বলতে পারবো না। সুধু জানি, সেটা
হয় না।
মস্তিষ্ক তখন কোন যুক্তি তর্ক মানে না।
কারণ তোমার সেই টান।
সেই ভালোবাসার টানে।
প্রত্যেকের জীবনেই কি এটা ঘটে?
কি চমৎকার! এটা মায়া বা মায়াবীই তো!
তার জন্ম তো এলোমেলো করার জন্যে।
জীবনের হঠাৎ হঠাৎ ঐ ঘনঘটা পাগল করে বৈকি।
তাই একদিন চলে যায় অস্ফুটে ধন্যবাদ বেড়িয়ে আসে।
এ কি কোন এক জাদুকরি প্রভাব বিস্তার,
কোন ঘটনা বা ব্যক্তির কাছে নেই কোন নিস্তার।

তোমার মাটিতেই হবে নির্মুল সব- ই।
বিষের বিনাশ করবো মোরা,
একদিন নিশ্চয়, কালের ও কাল হবো,
যদি না শোনে, আমাদের হাতে আমাদের সাথে,
মনের কথা আজ বলবো তোমায়,
নত হবো তোমার কাছে, ভেবে তোমায় আপন,
আপন পণ আছে তোমাকেই নিয়ে,
বলে, বলে করবো তোমায় জয়।
জানো আজ আমি মহাশক্তি রং ,
ছাড়িয়ে গেছে পিছু,
না থাকে কোনো উষ্ণবাচ্য, উঁচু নিচু।
আমার ভালোবাসা, আজ দর্প আজি।
নয়তো কোন দরপত্রের ডাক।
জীবনের ঐ বাঁক, আজ নয়তো দুর্বল,
সেতো হবে বড়োই দুর্লভ।
মানে না কাউকেই সে আজকে।
যে মানে তার আমি বন্ধু,
আর যে না মানে, পাত্তা কি দিই তাঁকে?
আজ আমি দুর্লভ ও দক্ষ, ও অভিজ্ঞ।
এ কি কোন এক জাদুকরি প্রভাব বিস্তার,
কোন ঘটনা বা ব্যক্তির কাছে নেই কোন নিস্তার।
যে আমাকে করতে চাইবে এলোমেলো,
শুনে রাখো, হে মহাপ্রাণ , করবো তো আমি নিজেই রক্ষা,
পামর, ধিক, দশদিক করবে তোমার কথা,
লাল চোখ হবে না কারো,
হয়তো, সে চোখ হয়তো যাবে,
চীর অনন্তকাল নিমজ্জিত ।

আর সাতটা দিন আজ না,
নত হবো না আমি কারোর কাছে।
কারন আজ আমি দুর্দম, দুর্বার।
সকলের অলক্ষ্যে করবো আজ হুঙ্কার।
আজ আমি থড্গহস্ত, শুনবো না কোন আবদার।
আমার প্রথম জনসচেতনতা, সঠিক কথা,
মায়ের ভালোবাসা, বাবার ব্যাথা।
সাত সমুদ্র ক্ষুদ্র আজি,
হবো আমি পার নিমেষেই।
চকিত করবো সেই স্বপ্নও দেখে।
এ কি কোন এক জাদুকরি প্রভাব বিস্তার,
কোন ঘটনা বা ব্যক্তির কাছে নেই কোন নিস্তার।

32. অবশেষে

ঘন ঘন ঘনঘটা চারিদিকে,
পাগলপারা মন।
তব অবদান মনের কোনে,
ভেবেছিলাম অনুক্ষণ।
গ্রীষ্মের খরতাপে পুড়ে ছাই,
দাবদাহে ফুটছে রজত যৌবন
যাই ভেসে যায়, তাই।
সাতসকালে ধন্যবাদ,
টিয়াপাখির কথায়,
মনে সফলতার মুখ।
ঘর ভাঙছে সংসার ভেঙেছে,
ভাবতে তোমার দুঃখ।
দিন দিন বাড়ছে,
মায়া তার প্রতি,
আত্মজের অনুকূলে
নেই কোন গতি।
গনগনে সূর্য জ্বলছে সদাই।
খল, নরাধম,
তূণে আছে তীর ,
ধনুক ভাঙ্গা পণ।
ভয় কেবলি ভয়,
জাগবে সেই মনে,
নির্মম নির্যাতনের শিকার

হবেই তো তারা,
যারা কেবলি রয়
অপরের দুঃখে আত্মহারা।
সেতো হবে আত্মহত্যা সম,
জেনেও সব কিছু ভোলে যেন।
কুলু কুলু নদী বহে
দিন হতে দিনে,
ফল তো হাতেই পাবে
কোন অর্বাচীনে।
ইতির হবে ইতি
ছল করে ডেকে,
ভরা পাপ শূন্য হবে,
পূণ্যদের ডেকে।
কাক করে কা কা
কুকুরের বুক্কন ,
কাঁপে বুক থরথর,
নুপুরের নিক্কন।
ফলভারে গাছ কভু
হয় নতশির।
বিদ্বান সর্বত্র
তাই জয় করে
সিংহ হিমাদ্রির।

৩৩. প্রকৃতি ও পরিবেশ

তেত্রিশতম কবিতা

প্রকৃতি ও পরিবেশ

আমি আজ তব রূপ দেখে কেমন যেন গেছি পাগল হয়ে।

ছয় ঋতু ও ঐ প্রকৃতি টানে মোরে বারে বারে।

ঐ সুউচ্চ পাহাড় পর্বত আমায় যেন পাগল করে।

ঐ পাহাড় পর্বতকে ছুঁয়ে মনে হয়, করি জীবন ধন্য।

মন চাহে বার বার যাই ঐ স্থানে, হৃদয়টাকে করি শীতল ও বন্য।

ঐ নৈসর্গিক বার বার অবলোকন করে ধন্য হই এ জীবন।

আমার ছোট বেলার সেই সুপ্ত আশা করি পূরণ।

কোলে মাথা দিয়ে আমার পাগল ও উতলা মনকে করি শান্ত।

নদী বেয়ে যায় কুলু কুলু রবে ,

শেষে যায় সে সাগরে হয়ে কখনো দুর্দান্ত।

মনে জাগে আশা, সেই নব নব খাত করি আবিস্কার।

পশি সেই থালে,

যেখানে প্রবেশ করতে চায় লোকে ভেবে অন্ধকার।

যুগ হতে যুগে।

মুক্ত মন পশিতে চায় সেই অতল গহ্বরে।

শান্ত হতে চায়, ঠিক তারি পরে।

লিখে দিতে চায় মন, সেই এক অমরত্বের ছাপ।

তাতে, এ জীবন তুচ্ছ, থাক কিম্বা হারাক।

ঝর ঝর জলোচ্ছ্বাস ও জলপ্রপাত যে মনোলোভা।

মনকে পাগল করে! ক্যামনে শান্তি পায় কিবা,

আমার এই উতল মন শান্ত হতে চায় তব অবলোকনে ?
মন রে! হায়, নিজেকে সামলাতে না পারি।
দেখে দেখে, মন যে কি হয়! তব সুমদ্র সারি।
প্রকৃতির এ রূপের বাহার ভেবে পাগল হই।
মনে হয় তুচ্ছ থেকে, তুচ্ছতম আমি।
প্রকৃতির এই রূপ আমি কতোটুকু জানি।
হায়রে জীবন, কেবলি ভুলে থাকি,
কোন সে মায়ায়!
তোমার মাটিতেই আছে আমার অহংকার।
ছায়ানট থেকে সিংহল তট,
অবলোকনে ধন্য আমি।
বন পলাশের গন্ধে মাখামাখি হয়ে,
চাই আমি বনলতায় শুয়ে,
এই জীবনকেই শেষ করি।

34. তত্ত্বাবধায়ক

উথাল পাথাল মনটা,
আজ শান্ত হতে চায়।
তোমায় চেয়ে , তোমায় খুঁজি
ব্যর্থ সেদিন , হয়রে বুঝি!
কাকগুলো আজ ঝগড়া করে,
কোন সুদূরে পাহাড় পড়ে।
মৌটুসী আজ মৌ খুঁজে যায়,
মাধবীলতা গন্ধে ভরায়।
শিউলিটি আজ ফুটেছে গাছে,
দেখে মনে হয় হৃদয় নাচে।
লাল লাল ফুল আর,
কালো যে ভ্রমর ,
অতসীর চুম্বন
নতজানু হয়ে মন,
পাতার মর্মর।
প্রকৃতির এই রূপ,
দেখে যে পাগল,
সাত জনমের আশা,
তোমার ঐ ভালোবাসা,
হল পরিপূর্ণ।
হলাম ধন্য আমি
তব পরকাশে।
পশিয়া হৃদয়ে তব,

করে সব কলরব,
শান্ত হয়ে মনে।
ধ্যান থাকে আশে,
নত তব পাদপদ্মে।
ভোগীতে সকল সুখ,
তব উপপাদ্যে।

35. পাগল আমি

তব হৃদয় মন্থিত করিয়া, পাগল হইয়া যাই।
সেই পাগলামির সাথেই আমি, তোমায় কেবল খুঁজিয়া পাই।
তোমার কথা পড়লো মনে,
ফাগুনের সেই দমকা আগুনে,
খুঁজে খুঁজে শুধুই সর্বাঙ্গক তোমায় কেবল পাই।
তব হৃদয় মন্থিত করিয়া পাগল হইয়া যাই।

❧❧❧

নীল চোখের সেই প্রাচীনতম কথা,
বুকের ভেতর সেই গভীরতা, মাপতে যে মন চায়।
সুন্দর সেই কথাগুলি, ভেবে মন করে আকুলি বিকুলি।
মরুভূমির দেশে, দস্যু বেশে ,
তোমা হতে তোমার, মনের সোনা হরণ করিতে চাই।
তব হৃদয় মন্থিত করিয়া পাগল হইয়া যাই।

❧❧❧

জংলী দানব, সদাই বাইরে করে যে দাপাদাপি।
তাদের থেকে, ক্যামনে তোমায় আগলে আমি রাখি।
শতাব্দীর ঐ শেষ চুম্বন, আকুল আবেদনে মাতে যে মন।
রুপ সাগরে পানসীর ধন, পবিত্র যে সেই বন্ধন।
অন্ধ মনে, ছন্দ জাগে, কেবলি আমার দায়।
তব হৃদয় মন্থিত করিয়া পাগল হইয়া যাই।

❧❧❧

খুঁজিতে খুঁজিতে পেলাম শেষে, সেই অমুল্য রতন।
রাখিতে হবে তাকে, থাকিতে হবে সাথে।
হারিয়ে না যায় , সে কোন অবহেলায়।
না ঢোকা ঘরে তাকে, ঢোকালে পরম যতন করে।
হলাম আমি যে ধন্য, রাজার রাজা, সেই দীনতায়।
তব হৃদয় মন্থিত করিয়া পাগল হইয়া যাই।

36. আহ্লাদের সীমা

আমি কৃতজ্ঞ, হে ঈশ্বর! তোমার কাছে।
যত দিন যায়, তত করুনা পাই।
অকুন্ঠ ভালোবাসায় জড়িয়ে যাই।
না চাওয়াই হয়, সব থেকে পাওয়া।
কেবলি হয় , ভাললাগার আসা যাওয়া।
হেসে হেসে কথা বলি, ধীরে ধীরে পথ চলি।
চারুকলা সম অধিকার, অধিকারে ওড়ে অলি।
হৃদয় পরিপূর্ণ হয়ে যায়, কখনো কখনো।
মনের হরষে, তাই অমূল্য হয় তৃণ।
পরিতাপ পরিণত হয়ে ওঠে।
মনসীজ মনোহারী , পাশে থাকে রকমারি।
আনন্দে ভরে যায়, যেন সে এক আহামরি।
চরম সে দুঃখ , শেষ হয়ে যায়।
সুখ ফোটে, তার ঠোঁটে কানায় কানায়।
সুখের উল্লাসেই সুখ আরো বাড়ে।
দুঃখ সে তো ভুলে যায় অন্তরে অন্তরে।
আমাদের সাথে করে উল্লাস বাস।
ভগবানের আদেশ সে যে বারোমাস।
কখনো নরম মন , ভরে ফলে অনুক্ষণ
সাত সে রাজার ধন , বেড়াতেও চায়।
কখনো মুচকি হাসি, ,হতে পারে সর্বনাশী।
তাই আজ সাবধানী, হয়েছি রে সেই জ্ঞানী।
আজানের শব্দ, ভেসে আসে কানে।

ভাল সে বাসার কথা ভেসে ওঠে প্রানে।

37. অনিশ্চয়তার জীবন

মন আমার বড় আশায়, তোমায় চেয়ে!
ফিরে ফিরে মরি আমি এ গান গেয়ে।
কালের কথা ভেবে পাগল হতে হয়।
যত মত তত পথ কেবলি এসে যায়।
জানি জীবন ছিল কাব্যের কবিতা।
ঘরে লাগলে আগুন, মনে অস্থিরতা।
চলে এসেছি পুড়ে ছাই হয়ে।
শুধু শূন্যতার ছলে, চলে অপদেবতা ভয়ে।
পক্ষিনীর সাথে ওড়ে নীরব সে পক্ষী।
জ্বলে দরবারে চেয়ে, জলদ জলজ ভক্ষী।
টনটন করে মন, বিধাতারে চায়।
চপল চমকে চতুর চতুরঙ্গে যায়।
হায় হায় ! সাথে সেই ভাগাভাগি চলে।
জগতের কৌমোদকী ভাবধারার ছলে।
তর তর করে বেগ পবনেতে হায়!
জগতের সব লেখা, কপালেতে রয়।

38. ধনকুবের

শীতলতাটা ভেতরেই থাক!
দরকার নেই বাইরে আনার।
অঝোরে কান্নাটা বৃষ্টির জলের মধ্যেই ঢাকা পড়ুক।
যেটা বাঁকা চোখে কেউ যেন দেখতে না পায়।
আমার ভালোবাসা গোপনেই থাক!
তোমার সমর্পণ যেন, প্রকাশ্যে কারো অস্থিরতার না হয়
কারণ।
অমূল্য রতন সেগুলো যেগুলি রহে অবগুণ্ঠনে।
পাঁচটায় ঘুম থেকে ওঠা ও দশটার ঘুমাতে যাওয়া নয়।
হৃদয় তো কোন দিন তোমাকে ভালোবেসেছে!
কেন! জানি না আজো। কি দেখে হায়!
উষ্ণতাটা যেন বের হয় মিছিলটিকে সাথ দিতে।
ঐ মহানগর যেন মহাপ্রলয়ের দ্বাদশ পঙ্‌ক্তি।
ইতিহাস ঘেঁটে ঘেঁটে দেখো! জিতেছে সেই জন , যে সহে,
অবিরত।
এই কবিতার মতো।
বিষ, গরল, সুধা, যাই দাও তাকে, সে যে এক নীলকন্ঠ।
পথ পরিবার নিয়ে চাও এক হতে!
তাও দেবে ! পাবে তার কাছে।
ইতঃস্তত জানি, করবে তুমি, সমাজের কথা ভেবে।
আচ্ছা! তুমি যখন অভুক্ত ছিলে?
তখন এসেছিল কি সমাজ, তোমার খোঁজে!
এসেছিল তোমার প্রিয়জন গোপনে!

সে চায়, তুমি ভালো থাকো!
আরো উদ্ভাসিত হও! এই পৃথিবীতে দিনে দিনে।
কৈশোরের সেই তেজ যেন আজো থাকে,
ঠাকুরমার সেই গল্পে তুমি যেন বাস করো চিরদিন, সঙ্গোপনে।
সমাজের ঐ কুৎসিত চোখ না পড়ে তোমার দিকে।
জোয়ার ভাটার ঐ নোঙর যেন তুমি নিজেই করো!
বেয়ে যাও নিজের খেয়ালে, সেই নিজের দেশে।

৩৯. ঠিক করছি তো?

মনটা আজ কেমন যেন দোলাচলে!
কিছুটা অবাক, কিছুটা হতভম্ব।
মনে হঠাৎ প্রশ্ন ঠিক করছি তো?
চারিধারে মুখগুলোকে কেমন যেন মাঝেমধ্যে অচেনা লাগে।
তাদের অভিব্যক্তি অনেক সময় পারি না বিশ্বাস করতে।
এমনি করে যখন ভাবি,
ভবিষ্যত পরিকল্পনা, কেমন যেন অনিশ্চয়তা?
অনেকে অবাক চোখে তাকিয়ে থাকে,
কখনো আকাশের দিকে, কখনো বা আমার দিকে!
কেমন যেন আঁৎকে উঠি!
এত বিশ্বস্ত লোকগুলো বিশ্বাসঘাতক?
নিজের প্রতি ঘৃণা হয়।
" মানুষের প্রতি বিশ্বাস হারানো পাপ!"
এত দিনে এত এত অধ্যবসায় কোথায় গেল?
মানুষের মধ্যে কেন এই অনিশ্চয়তা!
লজ্জা লাগে আমার!
এ তঞ্চকতা ওদের কাছে শিখে নিজেকে ঘৃণা করি!
আর যে শিখিয়েছে !
সে তো গুরুদেব! তাঁকে কি আর ভাবা যায় অন্য কিছু?
আমি একলব্য! তিনি দ্রোণাচার্য্য সম!
এ শিক্ষা না পেলে তো খুব ভালোই হতো।
কুরুক্ষেত্র হতো নাতো!
দর্শন বদলে যেত সেদিন।

মায়ের কোলগুলো খালি কি হতো?
স্ত্রী হারাতো নাতো তার প্রেমের মানুষটিকে!
শিশুরা কি হারাতো পিতাকে?
আর মহাবিশ্বের শিক্ষা! হয়তো হতো অন্যভাবে।
এই অনিশ্চয়তা! যা সমাজকে কুরে কুরে খায়?
ও সন্দেহে, মানুষ দগ্ধ হয় সেই অনিশ্চয়তায় !
যত অনিশ্চয়তা তত আধুনিক?
আচ্ছা আমরা যাচ্ছি টা কোথায়?
কখনো কি ভাবছি? নিজের ভালো,
সবার ভালো, কই না তো!
প্রকৃতি তো একই আছে, চলে সেই সরলতায়।
সেই পূর্বেই সূয্যি ওঠে আজো!
কই কভু দেখি না তো অন্যথা।
এই সরলতা চিরন্তন,
আমি তাই, সরলতাকেই আঁকড়ে থাকতে চাই।
বন্য তো বন্য, সে ঢের ধন্য?
তাতে কিবা আসে যায়।
আমাকে তুমি আদিম ভাবতে পারো, কোন ক্ষতি নাই!
সরল মনে আজো বলতে চাই,
দাও এক হুঙ্কার,
এই জঞ্জাল জটিলতা ছেড়ে সরল পৃথিবী চাই।

40. আমার আমি

একটু আমি হকচকিত! আমার এই আমিকে নিয়ে।
কখনো আমি দেবতা আর কখনো দানব ।
কারো কারো কাছে।
আমায় বলো,আমার কি করার আছে?
মতের মিল হলে আহ্লাদিত, অমিল হলে মলিন!
এমনি করেই কেটে গেলো নিশিদিন।
চলে এসেছি মনে মনে পুড়ে!
খাঁটি হয়েছি এ মন জুড়ে,
পরকে করেছি নিজের, এখন হারালে অনাথ তব!
কখনো আমি দেবতা আর কখনো দানব।

❧❧❧

সাতটা দিন রহে যে মলিন,
মনের আশায় কাঁদে কাননে কাঞ্চন,
শীতের স্নিগ্ধতায় কিছু বৈরিতা,
তুমি যখন অভুক্ত অশান্তির আগমন,
আগুনের সাথে খেলা করে হেলায়,
ভুলিয়ে সকল বাঁধা।
ঘর সাজাতে ঘর ভেঙেছে,
হয়ে গেল সব আধা।
প্রকৃতির এ নিয়ম সকলের বড়, প্রস্ফুটিত পল্লব।
কখনো আমি দেবতা আর কখনো দানব।

❧❧❧

মনের হরষে থাকে যে জন, ভাবে না কারো কথা।
সে জনের কথা কেবা ভাবিবে , ভুলিয়া নিজের ব্যাথা?
সেজন দেবতা অপরের কাছে,
ভাবে সে জন, তারই আছে।
পায় যে মনের সুখ।
হিংস্রতা লালন করে, সকল বিবেকের দুখ।
চলতে চলতে মিলিত হয় মিলনের সমাবেশে।
ভালোবাসায় ঠাসা করিডোর পার হয়ে গেল এক শেষে।
মানুষের জীবন শত দুঃখের বলে বলিয়ান বল্লভ।
কখনো আমি দেবতা আর কখনো বা সেই দানব।

41. নতুন কিছু নয়

আজ আমি উদাত্ত!
মাটিতেই মিশে আছে সব শব।
আদি হতে অন্ত।
ঊষার রবি, পূর্ণ চাঁদ
হতাশা প্রকাশ ও গৌরবের ইতিহাস,
যেন এক যাযাবর।
বারবার আসে, বারবার যায় ফিরে।
উত্থানের ইতিহাস পতনকে রাখে ঘিরে।
রূপান্তর, স্থায়িত্বের আভাস–
যা কিছু মঙ্গলময়,
হচ্ছে আজ কল্পনা।
পৃথিবী ও তার বায়ুমন্ডল ,
দূষণ, অনাচার, খোলা তলোয়ার–
মাধুকরী, হয়গ্রীব হয়ে একাকার।
মৃত্যু বা ধ্বংস তো চিরন্তন।
কেন তবে এতো করে ভাবা।
ধ্বংসের মধ্যে থাকে সৃষ্টির বীজ।
বীর মুক্তিযোদ্ধা তো এটাই ভাবে।
ধীরে ধীরে ভাবনার আগুন ধরিয়ে নেয়,
অন্তরে অন্তরে।
তুচ্ছজ্ঞান এ জীবনে।
সাত সমুদ্রে যায় সন্তর্পণে।
রায় তো সকলের জানা,

সকলেই তাই বলতে মানা!
পুরাণ ঘেঁটে ঘেঁটে দেখা,
উন্নত হয়েছে গরুড়ের শির
পক্ষিকূলের সেই জয়গাথা লেখা।

42. ব্যথা

জগতের ঐ জ্বলন্ত চিতা,
আমার মুখের সামনে আসা এক ছাইভস্ম,
কিছুক্ষণ আগে সে শেষ হল।
সারাটা জীবনে হায় ,
সে কত ব্যথাই না পেল!
কতটা তার নিজের দোষ,
কতটা তার কেনা,
কতটা সে ধার দিয়েছিল,
কতটা রইল দেনা।

সবার জীবনেই ঐ ব্যথা রয়ে যায়,
কেউ বলে দেয়,
অন্যেরা লুকায়,
পাছে ভয় পেয়ে,
ঝামেলার ভয়ে,
কুন্ঠিত সে ভাবনায়।
হয়ে বিহ্বল মনে দোটানা,
কতটা সে ধার দিয়েছিল,
কতটা রইল দেনা।

আমার জীবনেও অনেক ব্যথা,

মুখ ফুটে বলব আজ!
হৃদয়ে সে কুরে কুরে খায়।
অনেকে আবার পাছে মজা নেয়।
মনে আসে তাই সংসয় ,
আসে দ্বিধা আসে লাজ।
কি অদ্ভুত ব্যাপার সে যে বিবেকের আনাগোনা
কতটা আমি ধার দিয়েছিলাম
কতটা রইল দেনা।

43. মহেন্দ্রক্ষণ

লোকে বলে সময়ের দাম অমুল্য!
সময়ের অমোঘ আকর্ষণে ধীরে ধীরে সব কিছুই বেড়িয়ে আসে।
সমুদ্রের তলায় যে সম্পদ আছে ভাবি,
ভাবনার ডানা মেলে উড়ে যায় অলিকের দিকে।
কখনো সত্য ভাবি, সেটা হয়ে যায় ভ্রম।
সে আবার কখনো মুচকি হেঁসে গুন গুন করে ওড়ে!
কখনো সুন্দর অবিস্মরণীয় হয়ে যায়।
কবিতা আসে কবির কলমে।
সেই অস্ফুটে ধন্যবাদ বেড়িয়ে আসে।
আঁচল সরিয়ে নেয় আনমনে।
নোঙর করে চলতে থাকে প্রকৃতির কাছে।
কখনো বা অন্য কোন খানে-
ক্ষনে ক্ষনে চেহারায় অভিব্যক্তি প্রকাশ পায়।
ভালোবাসা দ্বন্দ্বে পড়ে , সেই নির্মল আড্ডায়।
সেই মহেন্দ্রক্ষন আসে, মিলনের আশে।
প্রথম পাতা ফোটে আর ফুল শুকিয়ে যায়।
ঝড়ের আভাস পাওয়া--
তাই চাই ঝড়ের আগমন।
উদরের চাহনি আর মনের ভাষা,
বাসায় পরিণত হয় শেষে।
গত হয় দুঃখ কষ্ট,
আসে এক লাজুক হাসি,
খোঁজ মহেন্দ্রক্ষন ,

বলবে হয়তো তোমাতেই হারিয়ে যায়,
আবারো বারে বারে ফিরে ফিরে আসি।

44. উল্লাসিক

হ্যাঁ, আবার আরেক বছর চলে গেল।
কি পেলাম বা কি হারালাম,চাই না এ হিসাব !
কিছু বাতুলতা প্রকাশ পেল,
কিছুটা আমার, আর হয়তো অনেকটা তোমার!
সেটাও তো সেই কালের স্রোতে।
আরেকটু সাবধানী, আরেকটু বয়স্ক হলাম আমি।
আর তুমি?
তোমার মানুষিকতার হল একটু বেআক্রু!
সাবধানী ,
হ্যাঁ, অবশ্য হলাম আমি।
ঠেকে ঠেকে হয়েছে অনেক শিক্ষা।
ঘুমন্ত পৃথিবীতে ক্ষণস্থায়ী জীবনটা এলোমেলোই না হয় থাক।
কিছুক্ষণ কিছু মানুষের কাছে না হয় থাকি বোকা।
ভালো লাগে , মনে মনে ।
অনাবিল আনন্দে আত্মহারা হয়ে উঠি।
কালো সেই মানুষটি কাছে এলেও বুঝতে পারি!
কেবল ওকে বুঝতে দিই না।
জীবনটা তাতে বেশ ভালোই চলে।
তত্ত্বাবধায়ক ছাড়া জনগণও নিজের নিজের
প্রতিদ্বন্দ্বী হয়ে ওঠে অকারণে।
মনের মাধুরী মিশিয়ে ভাবি সকলকে রাঙিয়ে দেব !
কিন্তু না, সেতো চিন্তা অলীক।
অন্ধকারে অনাহারে ভরে যায় আমার দশদিক।

ঠিক তখনই,
যখন আমি সাধারন ছেড়ে হয়ে উঠি উল্লাসিক।
তাই সদা নত করো আমায় তোমার চরণতলে।
চাই আমি থাকতে আনন্দে,
ঘোচাতে সেই সকল কারণ , যা ভরায় অশ্রুজলে।

45. ছোট বেলায় শিখেছি

উত্তর গগনে উদিতা হল আশা।

থরথর কাঁপছে ভয়ে কেউ।

পালকি গানটা কিন্তু আজো কানে বাজছে।

কাঁধে ব্যাগ নয়, আছে সেই দ্বায়িত্ব।

ভরপুর বুঁদ হয়ে আছে প্রকৃতির টানে।

ঘর ঘর করা ট্রাম গাড়ি।

ঊষর সেই জমিকে উর্বর করার আশা সে ছাড়ে নি আজো।

জানে, একদিন সে হবেই জয়ী।

শম্পার ন্যায় দৃতিমান সে।

ইতিহাস সে সাক্ষ্য দেয়।

কখন সে অবলিলায় জয়ী হবে।

যে ফেলে দেয়, নিমজ্জিত হয়ে যায় ঈশ্বরের কাছে।

আর সে কারণেই হারিয়ে যায় অতল গভীরে।

আর যে নাছোড়বান্দা,

একদিন সে হয়ে যায় বীর,

পূজারী হয় সকলেই, করে ধন্য ধন্য।

রূপে গরবিনি নয়তো সে।

চরিত্রের ক্রমবর্ধমান চাহিদা পূরণ।

শেষ হয় সবকিছু।

ভুলে হতাশা, উড়ে যায় বিজয় পতাকা,

ওড়ে পতপত।

46. না

ছোটবেলা থেকেই এসেছি অনেকটা পথ বেয়ে।
অনেকটা রাস্তা হেঁটেছি একা একা।
অনেকে এসেছে পথিমধ্যে রাস্তায় হয়েছে দেখা।
অনেকে আবার হৃদয় ও ছুঁয়েছে কথা দিয়েছে পাশে থাকা,
কখনো আবার সাহায্য চেয়েছি,
মনোরথ ভঙ্গ করেছে, নিষ্ঠুরভাবে।
অনেকে আবার পালিয়েছে সবকিছু ছেড়ে,
সাথে থাকবার নাম করে।

❧❧❧

লজ্জায় পড়েছি আমি আজ তাদের আপন ভেবে।
সেই নিষ্ঠুরতা আজ আমাকে করেছে পরিণত।
তাই এখন , যখন শুনি কারো-"না"
বা না সূচক কোন ব্যবহার,
হয়ে উঠি দুর্দমনীয়, অপার, অজয়।
সেই মুখ গুলি আজ বার বার আসে ফিরে,
বন্ধুত্ব করার তরে!
কি করব আজি! পরি দোটানায়।

❧❧❧

অনেকে বলে " মানুষ নাকি পরিবর্তনশীল।"
তাই ক্ষমাশীল জীবনে ক্ষমা করে দিই।
তাদের দেওয়া ক্ষতগুলো আবারো দগদগে হয়ে ওঠে।

নিজের মনের "না" গুলো চলে যায় অতল গহ্বরে।
সেই সকল লজ্জা গুলো একে একে ঢাকবার তরে।
তাদের দেওয়া নিষ্ঠুরতাগুলি ছেড়ে দিই সৃষ্টিকর্তার কাছে।
সব ভুলে মনে রাখি উত্তম সেই স্মৃতিগুলো,
যেগুলি নিয়ে মানব সভ্যতা বাঁচে।

47. নোঙর

আজ জীবনটা উপভোগ করা!
ভাটির টানে মাটির কথা মনে পড়ে যায়।
সাতাশ বছর, নয় সুর, সাত রঙা পাখা।
একটু চোখাচোখি থেকে পাকা দেখা,
ততদিন আমাদের বয়স কম ছিল।
আকাশে আঁকা ধূসর মেঘ,
ওড়ে গাঙ চিল, ঘুরে ঘুরে চলে যায় দুরে।
জলের রঙ যে পাল্টায় মনের মতো।
সাথে সাথে চলে, মায়াবী চোখ বুজে।
শুয়ে থাকা মৃতদেহ উদ্ধার করে,
কুর্নিশ চলে আপনার পরে।

কাকটা কা কা করে কাঁপতে থাকে।
বাতাসে ওঠে আওয়াজ,
নোঙর করতে চায় ভাটার টানে।
উত্তর থেকে উত্তমাশা,
মাছ ধরতে চাই তার সাথে,
ইলিশ থেকে ইংলিশ
গাঁ ঘেঁসে দাঁড়াল আমার ভালোবাসা।
দাম্ভিকতা থেকে চিরস্থায়ী বন্দোবস্ত,
সে তো তাদের মাথায় অমানিশা।
জলে জলে নৌকা চলে,

ছল ছল করে আওয়াজ,
ঝপাঝপ জাল ফেলে মাঝি
কোখায় থাকবে সে সিন্ধুর সম্রাজ?

· ৮১ ·

44. শেষ বিচারে

তোমার ঐ চরম সিদ্ধান্ত নেয়া,
চকিত যে করেছে আমায়।
রূপ সাগরে ডুব দেয়ার যে কথা দিয়ে এসেছিলো,
সে কথায় তুমি সায় দিয়েছিলে মনের গভীর হতে।
প্রকৃতির বারতা ছিল এলোমেলো করার আমন্ত্রণ।
সে হারাতেও সেতো পারতো সকল দেহ ও মন।
কিন্তু না, জগতের কথা ভেবে সে দিলো বিসর্জন।
তখনই সে হল আমার আদরের প্রিয়জন।

প্রকৃতির সেই রূপ আমার রয়েছে হৃদয়ে লেখা।
কোথায় রে সে হারিয়ে গেল, হল না আর দেখা।
সেই সম্পদ কভু ধরে না রাখা যায়।
উৎসাহ আর উদ্দীপনার শেষে,
দৃশ্য হয়ে যে পরম উৎকর্ষে
অবলোকনে চরম উচ্ছে
ভালোবাসার সেই কোকনদে উৎস হতে চায়।
ভাল তরোয়াল হারিয়ে সেথা,
মন হারিয়ে যুদ্ধে মাতা,
উৎসবে ঐ উৎস কথা

হয় অপরূপ যুদ্ধে জেতা।
সবকিছু ঠিকঠাক থাকলেও
মনে রেখো শেষে,
অনেকে শত্রু আছে তোমার,
মনে মনে চায় না তারা তোমার ভালো কখনোও
আছে তারা আশেপাশে বন্ধুর বেশে।

49. বর্তমানে

ছল ও চলচ্চিত্র দুই হল অপ্রাসঙ্গিক মন্তব্য।
অভাব হয়না আজ সেই প্রতিশ্রুতি পুরনের।
ভেবে দেখি, তারা কেবলি ছবি।
সত্য তো নয়ই বরং বলা ভালো ভাঁওতাবাজি।
কথার কথা, চলে আসছে , যুগ যুগান্তরে।
অনেকে আবার পালিয়েছে সবকিছু ছেড়ে।
কেউবা রয়েছে বসে শিকড় গেড়ে।
ললনাদের ছলে চলে অপদেবতার ছড়াছড়ি।
দেবী ও দেবতারা হাসে করে গড়াগড়ি।
ভালোবাসায় কৃপনতা দেখি সেখানে।
যে জন করেছেন সে সব জানে।
অতীতের কথা শুধু হয় বাতুলতা,
ফেরে না কিছুই তাহা জানে যে জনতা।
অতীতের তুলনা কেউ যদি টানে,
জেনো সে ব্যর্থ হবে সেই অকুস্থানে।
ভবিষ্যতের কথা ভেবে পাগল হও আগে।
পারলে নিজেকে গড়ে তোলো রাত জেগে জেগে।
সমাজকেই আগে বোঝাও বারে বারে।
পাছে না দুঃখিত হই এ নাহি ভেবে।
কাউকে তুমি চাও যদি উন্নত করতে,
সে হবে নাতো উন্নত সহজে ?
বারবার এ তো বসে আছি তারি পরিমাপ করে,
মন্ত্র শেষে, যন্ত্র হাতে, লজ্জায় বসেছি তারি দুয়ারে।

50. কি যে লিখি?

গণিত থেকে গোবাদি পশু, জগৎ থেকে ব্রহ্মান্ড,
ভয় থেকে মুক্তি, অজ্ঞতা থেকে ডঙ্কা,
সবাই আজ চাকরি খোঁজে , ভারত হতে লঙ্কা।
চল চল ছল ছল করে সকলে
কেন আসে কেন যায় কেবা তার জানে?
দিন শেষে ঘরে ফেরা, থাকে দলে দলে।
ঘর পোড়া গরু আর হাল ভাঙ্গা চাষী,
ফলাতে ফসল যায়, হায়, রায় বারোমাসী।
টনটন করে মন, তারে দেখিবারে চায়,
ভালোবেসে মন শেষে, পিছনে তাকায়।
সে যে জানে তার বাঁধা,
পিছনে গোপন ধাঁধা,
উপরে সহজ সরল মন।
গোপনে হত্যা করে,
সহজ সরল ভেবে তারে, করো নাকো ভুল।
কুটিল মনে তার মন ভরা আছে বিষ।
সকল সরল ভেবে,
বোকা তারে বারে বারে করে কুর্নিশ।
ছোট ভাবো তারে, ছোট সে যে নয়।
তোমারে বেচিবে হাঁটে বার বার করে।
বুঝিবে না তুমি তাহা কভু একেবারে।
বিজ্ঞান, কলা, সৃষ্টির সমর হল
কোথায় সে কুটিল আজ, হারিয়ে যে গেল।

শান্ত আজ মন আমার, দেহ শবদেহ।
ছাড়িয়া সব কিছু ত্যাগীবো যে আমি গেহ।

Introduction of the Author

Mrinal Kanti Guin

The author is a civil servant. His early education started in Agriculture. He graduated in B.Sc (Hons) in Agriculture. Later he completed his master's degree in Genetics from Bidhan Chandra Krishi Viswavidyalaya (BCKV) West Bengal.

After completing his education, he joined as a civil servant in West Bengal Civil Service (Exe.). He has vast knowledge in serving the people of Bengal in different capacities in many districts. In this book, he tries to touch the heart of the people by his writings. In his writings he provided different example with critically with lucid illustration. The aim of this writing is to bring the positive thinking among the readers.

It is a collection fifty fantastic poems written in lucid language in Bengali version. They will definitely touch you.This is my most awaited and loving collection of poems of different taste. The word "যাযাবর" "JAJABAR" [NOMAD] is a Bengali word. The word bears the meaning of "dream that comes to everyone to improve the thought of the persons are all predestined. It empowers the person to do the things to achieve ultimate goal of their life, if they choose the correct path in correct point of time." There are fifty poems written for different perspectives that will give the clear picture to paint their imagination.

All my poems are very much scientific and care has been taken to choose the correct Bengali words with different meaning.